儒家先贤画像集

王蕊 编著

源流远　希圣希贤

孔子研究院强力推荐

中国孔子基金会文库

孔子基金会『孔子书房』目录

这是一部精妙工美的儒风大家图汇

这是一部形貌传神的孔门弟子像赞

这是一部系统丰富的先贤人物集成

山东城市出版传媒集团·济南出版社

图书在版编目（CIP）数据

儒家先贤画像集 / 王蕊编著. —济南：济南出版社，2015.9（2018.10重印）

ISBN 978-7-5488-1768-0

Ⅰ.①儒… Ⅱ.①王… Ⅲ.①儒家－人物－中国－图集 Ⅳ.①K825.1-64

中国版本图书馆CIP数据核字（2015）第217961号

图书策划　冀瑞雪
责任编辑　冀瑞雪
装帧设计　李海峰

出版发行　济南出版社
地　　址　济南市二环南路1号
邮　　编　250002
网　　址　http://www.jnpub.com
编辑热线　0531-86131747（编辑室）
发行热线　82709072　86131747　86131729　86131728（发行部）
印　　刷　山东省东营市新华印刷厂
版　　次　2016年1月第1版
印　　次　2018年10月第2次印刷
开　　本　185 mm×260 mm　16开
印　　张　10.5
字　　数　130千
定　　价　39.00元

（济南版图书，如有印装错误，请与出版社联系调换。联系电话：0531-86131736）

前言

　　汉武帝罢黜百家，独尊儒术，儒家思想从此成为国家指导思想，孔子也成为传统思想文化的代表，被奉祀在各级学校内。东晋太和元年（386年），国家最高学府首先建造了孔子庙，北齐将孔子庙推广到郡国学校，唐贞观四年（630年）更推广到县级学校，从此孔子庙成为遍布全国的、列入国家祀典的礼制庙宇。

　　为了显示国家推崇儒家思想和继承弘扬传统思想文化的意志，各级学校除奉祀孔子外，国家还下令增加孔子弟子和后世儒家学派的代表人物以配祀。东汉时，首先以孔子弟子颜回配享；唐贞观二十一年，增加为保存儒家经典和传承发展儒家思想做出贡献的左丘明等二十二位传经之儒从祀；总章元年（668年）诏令曾参配享；开元八年（720年），增加圣门四科十位弟子和曾参配享；二十七年，诏以孔子七十弟子配祀；宋元丰七年（1084年），增加传道之儒孟子、荀子、扬雄、韩愈配享或从祀；清雍正二年（1724年），又增加行道之儒诸葛亮从祀。配祀人物范围逐步扩大，从传经、传道再发展到行道，由纯粹重视经术发展到学术、功业兼重。

　　配祀人物经过历代增添和更换，到1919年增加到一百五十六人，分为配享、配祀、从享和从祀四个等级。配享有颜子、曾子、子思和孟子四人，称为"四配"；配祀有闵损、冉雍等十一位孔子弟子和朱熹，称为"十二哲"；从享先贤七十九人，绝大多数是孔子弟子，此外还有孔子时代的贤人、子夏与孟子的弟子和宋代周敦颐、张载、程颢、程颐、邵雍五位理学大家；从祀先儒七十七位，是从战国直到清初历代著名的儒家代表人物。"四配"和"十二哲"都配祀在大成殿内，先贤奉祀在大成殿两庑靠近大成殿的一端，先儒供奉在两庑的后部。

历代之所以要在文庙奉祀孔子和众多的先贤先儒，就是要对人们进行成圣成贤的教育。中国人崇拜圣人，但并不认为圣人是高不可及的，而是人人都可以通过努力而成为圣人。孟子赞同"人皆可以至尧舜"的观点；荀子认为，人们通过学习就可以成为圣人；程颐认为，"人皆可以至圣人"；朱熹认为，学习就可以成为圣人。"为学须思所以超凡入圣，如昨日为乡人，今日便可为圣人。"（《朱子语类》卷八）虽然理论上人人都可以成为圣人，但能够成为圣人的毕竟太少了。不过，成不了圣人，可以成为贤人，所以文庙奉祀了一大批先贤先儒，为人们提供了学习的榜样。文庙奉祀圣贤发挥了很好的教育作用，激励人们努力学习，加强品德修养，以期成圣成贤。

本册《儒家先贤画像集》取自《圣贤像赞》，明崇祯五年（1632年）吕元善编印。吕维祺在序中说："令学者揭而见孔子俨然在上，又见颜孟诸子及历代配祀诸先生森然在旁，惕惕有羹墙寤寐之思，""夫人孰不欲为圣贤？"济南出版社以此出版《儒家先贤画像集》，也是期待人们成圣成贤，为实现中华民族的伟大复兴的中国梦作出各自应有的贡献。

王 蕊

2015 年 7 月 18 日

目 录

3

大成殿

圣贤

　　孔子庙，又称文庙，是列入国家祀典的礼制建筑。为了昭示国家推崇儒家思想，继承民族传统思想文化，鼓励人们弘扬和践行儒学理念，给人们提供更多的学习榜样，是以建此庙。文庙主祀孔子，并以儒家历代著名人物配享从祀。后经历代王朝的增减变换，逐步形成了主祀和配从（包括配享、配祀、从享、从祀四个等级）的祭祀系列。

　　大成殿是文庙的正殿，主祀孔子，以"四配"配享，以"十二哲"配祀。为使所有的配从人物有所奉祀，后世又在大成殿前左右两侧建造两庑，奉祀从享先贤和从祀先儒。

孔子 至圣先师

汉武帝"罢黜百家、独尊儒术"后，孔子思想逐渐成为中国社会的正统指导思想，但当时思想文化的代表却是周公。如东汉明帝永平二年（59年）三月，皇帝"始帅群臣躬养三老、五更于辟雍。行大射之礼。郡、县、道行乡饮酒于学校，皆祀圣师周公、孔子，牲以犬"。可见当时的主祀是周公，而孔子只是配享。其后，孔子逐渐取代周公成为中国思想文化的代表。永兴元年（153年）的《乙瑛碑》说："祠先圣师，侍祠者，孔子子孙，太宰、太祝令各一人。"此时，孔子长孙代表国家奉祀孔子。建宁二年（169年）的《史晨碑》说，鲁国国相史晨在京师时，曾亲见皇帝临幸辟雍，"祠孔子以太牢"。汉末祢衡的《颜子赞》中说，颜子"配圣馈，图辟雍"。可见，至迟到东汉中期，孔子就已取代周公成为中国传统思想文化的代表。

正始二年（241年），魏帝曹芳初通《论语》，"使太常以太牢祭孔子于辟雍"，明确宣示以孔子为思想文化的代表，此后，两晋、宋、齐、梁、陈、隋和北朝的北魏、东魏、北齐、北周等朝代的国家最高学府都以孔子为主祀。东晋太元元年（376年），首先在国家最高学府建造奉祀孔子的专祠；北齐时，将孔子庙推向郡国；唐武德七年（624年），高祖将学校主祀改为周公，降孔子为配享；贞观二年（628年），太宗恢复了孔子的主祀地位，四年（630年），令州县学校皆建孔子庙；永徽（650—655）年间，高宗再改周公为主祀，降孔子为配享，但几年后的显庆二年（657年），又再次恢复孔子的主祀地位。从此，孔子作为中国传统思想文化代表的地位，再没有发生变化。

孔子

　　孔子（前551—前479），名丘，字仲尼。春秋时鲁国陬邑（今山东曲阜）人。中国著名的思想家、教育家、哲学家、政治家，儒家学派创始人。首创私学，主张"仁政""德治"，删《诗》《书》，定《礼》《乐》，序《易传》，修《春秋》。被后世尊为"至圣先师""万世师表"。

配享

配享是孔子庙奉祀人物的第二等，配从系列的第一等。

配享从东汉初就开始了，当时国家主祀周公，以孔子配享。东汉中期改孔子为主祀后，以颜回配享。唐初孔子主祀地位稳定后，逐渐增加配享人物。唐总章元年（668年），增加曾参配享。开元八年（729年），增加圣门四科十哲配从，但曾参不在十哲之中，改为位在十哲之后，配享仅存颜子一人。

宋元丰七年（1084年），增加孟轲配享，位居颜回之次。崇宁三年（1104年），增加王安石配享，位居孟子之次，配享增加到三位。建康元年（1126年），右谏议大夫杨时上疏说王安石学术荒谬，建议削去王安石的配享，改为从祀，至此，配享又成了两位。南宋咸淳三年（1267年），增加曾参、孔伋（字子思）配享，从此配享成为四位，因此也称"四配"。由于中国北方在蒙古人的统治之下，南宋领土内的孔子庙奉祀"四配"，北方孔子庙仍然只有"两配"。元延祐三年（1316年），御史中丞赵世延上言朝廷，南北孔子庙祭礼不宜有异，从此全国孔子庙都以"四配"配享。

"四配"早期的封号级别并不相同，如颜回在唐贞观二年（628年）被尊称为"先师"，开元二十七年（739年）改封"兖公"，宋大中祥符二年（1009年）升"兖国公"；曾参在唐开元二十七年改封"　伯"，宋大中祥符二年升"郕侯"。从咸淳三年开始，"四配"称号等级相同，当时分别称为"兖国公"颜子、"郕国公"曾子、"沂国公"子思子、"邹国公"孟子。元至顺元年（1330年）加封颜回"兖国复圣公"、曾参"郕国宗圣公"、孔伋"沂国述圣公"、孟轲"邹国亚圣公"。明嘉靖九年（1530年），取消孔子庙奉祀人物封号，"四配"分别改称"复圣"颜子、"宗圣"曾子、"述圣"子思子、"亚圣"孟子。

"四配"位居大成殿内孔子像前东西两侧，每侧两人，东西向面对。

颜回（前521—前481），字子渊，又称"颜渊"，春秋时鲁国（今山东曲阜）人。与父颜无繇均为孔子弟子，也是孔子最得意的弟子。好学不倦，善于思考，以德行著称，为"四配"之首。终身追随孔子，未仕。孔子曾赞其"贤哉，回也"。后世尊为"复圣"。

曾 参

　　曾参（前505—前432），字子舆。鲁国南武城（今山东嘉祥，一说为山东平邑）人。孔子晚年高足之一，以孝著称。家境贫困，性格质朴忠厚，处事谨慎，注重自身修养，强调慎独。曾任官于莒。相传著有《大学》和《孝经》。后世尊为"宗圣"。

孔伋

　　孔伋（前 483—前 402），字子思，孔子嫡孙，战国时鲁国（今山东曲阜）人。著名哲学家、思想家，思孟学派的代表。继承和发展了孔子学说，著有《子思》23 篇，已佚。相传《中庸》《表记》《坊记》为其所著，后世尊为"述圣"。

孟轲

　　孟轲（前372—前289），字子舆，战国时邹（今山东邹城）人。著名的思想家、教育家、哲学家。曾"受业子思之门人"，为孔子私淑弟子。一生推崇、学习孔子，授徒著述，发展并传播孔子思想，与孔子并称"孔孟"，儒家学说也因此被称为"孔孟之道"。后世尊为"亚圣"。

配祀

　　配祀是孔子庙奉祀的第三等，配从系列的第二等。

　　配祀始于唐开元八年（720年），国子司业李元瓘认为，孔子弟子闵损等不预享祀，而何休等二十二位先儒反沾从祀，实为不妥，"岂有升堂入室之子独不沾春秋配享之余"？于是建议以"圣门四科"弟子（德行：颜渊、闵子骞、冉伯牛、冉仲弓；言语：宰我、子贡；政事：冉有、季路；文学：子游、子夏）十人配祀。朝廷同意以四科弟子从祀，因此称为"十哲"。但颜回是更高一等的配享，实际上"十哲"只有九位。宋端平二年（1235年），朝廷令以孔伋补"十哲"之缺。咸淳三年（1267年），孔伋升为配享，又以颛孙师补"十哲"之缺。清康熙五十一年（1712年），升朱熹位居"十哲"之次，配祀成为"十一哲"。乾隆三年（1738年）升有若位居朱熹之上，成"十二哲"之名。

　　"十二哲"除朱熹外，从唐朝开始有爵号，有若、颛孙师为伯爵，其他九人为侯爵。宋代分别升为侯爵和公爵，木主（牌位）均书爵号、姓名。明嘉靖厘正祀典后，一律改称"先贤某子"。

　　"十二哲"也位于大成殿内，四配以外，东西各六人，东西向面对。

闵损

　　闵损（前536—？），字子骞，孔子弟子，春秋时鲁国人。幼年丧母，遭后母虐待而无怨言。以德行与颜回并称，尤以孝行著称于世，"鞭打芦花"被列为"二十四孝"之一。寡言少语，老成持重，为人清高，不仕大夫，不食污君之禄。世称"闵子"。

冉耕

　　冉耕（前544—？），字伯牛，孔子弟子，春秋时鲁国人。以德行著称，为人危言正行。孟子说他掌握孔子思想"具体而微"。曾任中都宰，因生恶疾而早亡，孔子非常痛惜。世称"冉伯牛"或"冉子"。

冉雍

　　冉雍（前522—？），字仲弓，孔子弟子，春秋时
鲁国人。出身贫贱，勤奋好学，为人度量宽宏，为政居
敬行简，品德优秀，严以律己，办事简练。孔子很赏识
他，认为雍他"可使南面"（即可以坐尊位做卿大夫），
曾任季氏宰。荀子曾将他与孔子并称。

宰子

　　宰予（前522—?），字子我，亦称"宰我"，孔子弟子，春秋时鲁国人。能言善辩，以言语著称。思想活跃，善于思索，常与孔子讨论问题。由于他曾"昼寝"，而且反对"三年之丧"，受到孔子的批评。

端木赐

　　端木赐（前520—前456），姓端木，字子贡，也作"子赣"，孔子的得意弟子，春秋时卫国人。思维敏捷，理解力强，利口巧辞，长于经商，善于外交。曾仕于鲁、卫，游说于齐、吴、越、晋诸国。孔子卒，为其守墓六年。孔子生前曾赞其为"瑚琏之器"。

冉求

　　冉求（前522—？），字子有，又称"冉有"，孔子弟子，春秋时鲁国人。多才多艺，多谋善战，长于政事。曾为鲁国执政大夫季康子的宰臣，并说服季康子迎孔子归鲁。孔子曾批评冉求帮助季康子聚敛财富。

仲由

　　仲由（前542—前480），字子路，一字季路，春秋时卞（今山东泗水）人。孔子早期高徒之一。耿直好勇，以政事著称，是与孔子关系最密切的弟子之一。曾任鲁国季氏宰，后任卫国大夫孔悝的邑宰，在卫国宫廷政变中被杀。

言偃

　　言偃（前506—？），字子游，孔子弟子中唯一的南方人，春秋时吴国人。与子夏、子张并为孔子晚期著名弟子，以文学著称。曾任武城宰，以礼乐教化士民，实践了孔子礼乐之治的思想，受到孔子的称赞。被誉为"南方夫子"。

　　卜商（前507—？），字子夏，孔子弟子，春秋时卫国人。为人勇武，才思敏捷，以文学著称。曾任莒父宰。孔子死后到魏国讲学，弘扬孔子思想，被称为"西河孔子"。

南宫适

南宫适（生卒年不详），姓南宫，字子容，孔子弟子、侄女婿。春秋时鲁国人。崇尚道德，处事谨慎。在治理社会方面，主张不以兵力，不用刑罚，而以道德教化。以孔子学说进行修养，孔子称其为"君子"。

颛孙师

　　颛孙师（前503—？），姓颛孙，字子张，春秋时陈国人。孔子晚年弟子，学业出众，与子夏、子游齐名。才意高广，易偏激，但博爱容众，交友甚广。孔子卒，收徒讲学，后学形成"子张之儒"，为儒家八派之一。

有若

　　有若（前518—？），字子有，孔子弟子，春秋时鲁国人。身高体伟，状似孔子，有勇力。发挥孔子的仁礼学说，特别重视孝与礼，对孔子思想有较深的理解。孔子卒，曾被众弟子共推为师。

朱熹

朱熹（1130—1200），字元晦，一字仲晦，号晦庵，又别称考亭、紫阳。南宋著名的理学家、思想家、哲学家、教育家。一生著述极丰，建立了系统完整的理学体系，是中国历史上著作最多的儒家学者之一，理学的集大成者。后世尊称为"朱子"。

从享

从享是孔子庙奉祀的第四等，配从系列的第三等，从享者均称"先贤"。

从享始于唐开元二十七年（739年），朝廷命将孔子弟子中除先前已经列为"十哲"配祀外的其他弟子从享孔子庙。有关从享先贤的数目，文献记载多有不同，《唐会要》和《新唐书》均作六十七人，杜佑《通典》作七十三人，不知孰是。后来经过更换和增加，到清咸丰七年（1857年）增至七十九人。从享的先贤主要是孔子弟子，明清时又增加三类人物：一是孔子推崇过的同时代贤人，如公孙侨和蘧瑗；二是儒门的早期弟子，如颛孙师的弟子公明仪和孟子的弟子乐正克、万章、公都子、公孙丑；三是宋代的理学家，有邵雍、周敦颐、程颢、程颐、张载五人。

明嘉靖九年厘正祀典，曾"删重复，易舛讹"，以申党和申枨为一人而罢去申党，又有公伯寮、秦冉、颜何、蘧瑗、林放均不见载于《孔子家语》，并非孔子弟子，因而全部被罢。清雍正二年，除申党、公伯寮外，其他四人全部恢复了从享。

唐开元二十七年，"十哲"以外弟子均追赠伯爵。宋大中祥符二年加赠侯爵，木主都书先贤爵号、姓名。明嘉靖九年取消爵号，木主一律改为"先贤某子"，奉祀在两庑内靠近大成殿一端。

东庑奉祀四十人：东周公孙侨（1857年从祀）、林放（739年从祀，1530年罢祀，1724年复祀）、原宪（739年从祀，以下凡不书从祀时间者均为是年从祀）、南宫适、商瞿、漆雕开、司马耕、梁鳣、冉孺、伯虔、冉季、漆雕徒父、漆雕哆、公西赤、任不齐、公良孺、公肩定、鄡单、罕父黑、荣旂、左人郢、郑国、原亢、廉絜、叔仲会、公西舆如、邦巽、陈亢、步叔乘、琴牢、秦非、颜哙、颜何（1530年罢祀，1724年复祀）、县亶（1724年从祀）、牧皮（同前）、乐正克（同前）、万章（同前）、宋代周敦颐（1241年南宋从祀、1313年元朝从祀，均为先儒，1642年升为先贤）、程颢（同前）、邵雍（1267年从祀为先儒，1642年升为先贤）。

西庑奉祀三十九人：东周蘧瑗（1530年罢祀，1724年复祀）、澹台灭明、宓不齐、公冶长、公晳哀、高柴、樊须、商泽、巫马施、颜辛、曹恤、公孙龙、秦商、颜高、壤驷赤、石作蜀、公夏首、后处、奚容箴、颜祖、句井疆、秦祖、县成、公祖句兹、燕伋、乐欬、狄黑、孔忠、公西蒇、颜之仆、施之常、申枨、左丘明（647年从祀为先儒，1642年因孔子弟子升为先贤）、秦冉（1530年罢祀，1724年复祀）、公明仪（1853年从祀）、公都子（1724年从祀）、公孙丑（同前）、宋代张载（1241年南宋从祀，1313年元朝从祀，均为先儒，1642年升为先贤）、程颐（同前）。

公孙侨

　　公孙侨（？—前522），字子产，又字子美，春秋时郑国人，郑国公族子国氏后裔。著名政治家、思想家。受郑上卿罕虎嘱托而主政，后大搞水利，鼓励桑蚕，制定丘赋制度，颁布法律，开展小国外交，受到孔子的称赞。

蘧瑗

　　蘧瑗（生卒年不详），字伯玉，春秋时卫国人。
五十能知四十九岁之非，为人勤于改正过错，顺应时势，
能进能退。吴公子季札去卫，赞许他为"君子"。孔子
赞扬他力求"寡过"，周游列国时曾寄居他家。

林放

　　林放（生卒年不详），字子丘，春秋时鲁国人。熟悉礼制并注重礼的本质。《论语》记载他曾经向孔子问礼的根本，孔子认为所问意义重大。至于林放是否是孔子弟子，今天仍存有不同说法。

澹台灭明

　　澹台灭明（前522—？），姓澹台，字子羽，孔子弟子，春秋时鲁国人。形貌丑陋，却性格中正，在学业上取得很高成就。后南游至江，从弟子三百人，名显于诸侯。

原宪

　　原宪（前515—？），字子思，亦称原思、仲宪，孔子弟子，春秋时鲁国人。以安贫乐道著称。曾当过孔子的家宰，俸粟九百斛，推辞不受。终身未仕。

宓不齐 燕伋

　　宓不齐（前521—?），字子贱，孔子弟子，春秋时鲁国人。以德行著称，孔子称其为"君子"。曾为单父宰，"子贱治单父，弹鸣琴，身不下堂而单父治"。重视教育、孝行。著有《宓子》十六篇，久佚。

　　燕伋（生卒年不详），字子思，孔子弟子，春秋时鲁国人。生平事迹不详。

公冶长

公冶长（生卒年不详），姓公冶，字子长，又作子芝、子之，孔子弟子、女婿，春秋时鲁国（一说齐国）人。曾被拘禁，孔子认为"虽在缧绁之中，非其罪也"，还将女儿嫁给他。相传通鸟语，盖其深谙鸟类之生活习性。

公皙哀

　　公皙哀（生卒年不详），姓公皙，字季次，孔子弟子，春秋时齐国人。不攀权贵，以修身养德为目的，安贫乐道，终身不仕。孔子称赞说："天下无行，多为家臣，仕于都，惟季次未尝仕。"

漆雕开

　　漆雕开（前540—？），姓漆雕，字子开，又字子若，孔子弟子，春秋时蔡国人。孔子曾劝其出仕，他说"吾斯之未能信"，孔子听后表示赞赏。后收徒讲学，形成学派，韩非称为"漆雕氏之儒"。著有《漆雕子》十三篇，久佚。

高柴

　　高柴（前521—？），字子羔，亦称季羔、子皋、子羔，孔子弟子，春秋时齐国人。身材矮小，相貌不佳，但很有行政能力，曾担任过费宰、武城宰、成邑宰和卫国士师等职。

樊须

　　樊须（前515—？），字子迟，亦称樊迟，孔子弟子，春秋时鲁国人。好学广问，学习兴趣广泛。有勇武精神，曾仕于季氏。鲁哀公十一年齐鲁之战，督促冉求并带头冲进齐军，立下了战功，受到冉求赞赏。

司马耕

　　司马耕（生卒年不详），姓司马，字子牛，亦称司马牛，孔子弟子，春秋时宋国人。其"多言而躁"，故其问"仁"于孔子时，孔子就其偏而勉之"仁者，其言也讱"。

商泽

　　商泽（生卒年不详），字子季，孔子弟子，春秋时鲁国人。勤奋好学，遍览群经。

巫马施

巫马施（前521—？），姓巫马，字子期，亦称巫马期，孔子弟子，春秋时鲁国人。安贫乐道，不贪图富贵，不见利忘义，以勤奋著称。

梁鳣

　　梁鳣（前522—?），字叔鱼，孔子弟子，春秋时齐国人。

颜辛

颜辛（前505—？），《史记·仲尼弟子列传》作"颜幸"，《孔子家语》作"颜辛"，春秋时鲁国人。

曹卹

曹卹（前501—？），字子循，孔子弟子，春秋时
蔡国人。

冉孺

　　冉孺（前501—?），字子鲁，孔子弟子，春秋时鲁国人。为冉求次子，勤奋好学。

伯虔

　　伯虔（前501—?），字子析，《孔子家语·弟子解》作"子皙"，孔子弟子，春秋时鲁国人。

郑国

郑国（生卒年不详），字子徒，孔子弟子。原名邦，
为避汉高祖之讳，改称"郑国"。春秋时鲁国人。

原亢

　　原亢（生卒年不详），字子籍，孔子弟子，春秋时鲁国人。

狄黑

　　狄黑（生卒年不详），字皙，《孔子家语》作"皙之"，
孔子弟子，春秋时卫国人。

孔忠

孔忠（生卒年不详），字子蔑，孔子兄孟皮之子，是孔子的侄子，也是弟子，春秋时鲁国（今山东曲阜）人。

公孙龙

公孙龙（前498—？），复姓公孙，字路，孔子弟子，春秋时楚国（《孔子家语·弟子解》作卫国）人。

秦商

　　秦商（前547—？），字子丕，《孔子家语·弟子解》作"不兹"，后人考证为"丕兹"。孟献子家臣秦堇父之子，孔子弟子，春秋时鲁国人。

颜高

　　颜高（前501—？），《孔子家语》作"颜刻"，字子骄，孔子弟子，春秋时鲁国人。曾随孔子周游列国。"孔子适卫，子骄为仆"，"孔子在卫，南子招夫子为次乘，过市，颜高为御"。

壤驷赤

壤驷赤（生卒年不详），复姓壤驷，名赤，字子徒，孔子弟子，春秋时秦国人。善《诗经》《尚书》，且颇有研究。

石作蜀

　　石作蜀（生卒年不详），复姓石作，名蜀（一说姓石，名作蜀），字子明，孔子弟子，春秋时秦国人。学成返乡，大力宣扬儒学和西周文化，后人称为"石夫子"。

漆雕徒父

　　漆雕徒父（生卒年不详），复姓漆雕，名徒父，字子文，孔子弟子，春秋时鲁国人。《孔子家语·弟子解》作"漆雕从"。

漆雕哆

漆雕哆（生卒年不详），复姓漆雕，名哆，孔子弟子，春秋时鲁国人。

公夏首

公夏首（生卒年不详），复姓公夏，名首，字乘，《孔
子家语·弟子解》作"不乘"，孔子弟子，春秋时鲁国人。

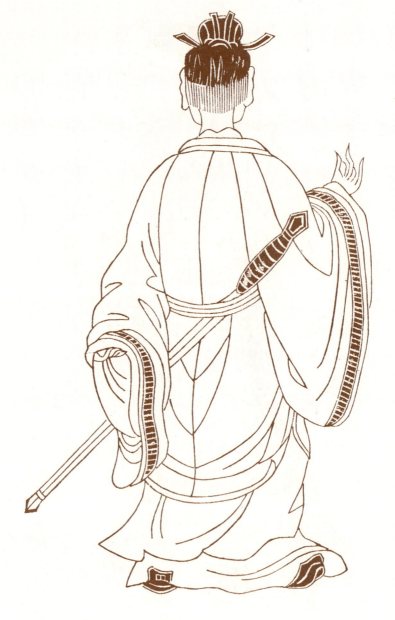

后处（生卒年不详），字子里，孔子弟子，春秋时齐国人。

公西赤

公西赤（前509—？），姓公西，名赤，字子华，亦称公西华，孔子弟子，春秋时鲁国人。养亲"若与朋友"，志在从事相礼活动。

任不齐

任不齐（生卒年不详），姓任，名不齐，字选，《孔子家语》作"子选"，孔子弟子，春秋时楚国人。

奚容蒧 冉季

　　奚容蒧（生卒年不详），姓奚，名容蒧，字子皙，《孔子家语·弟子解》作"奚蒧"，孔子弟子，春秋时卫国（一说鲁国）人。富有文采，志气英雄豪迈。

　　冉季（生卒年不详），字子产，孔子弟子，春秋时鲁国人。

颜祖

颜祖（生卒年不详），字襄，《孔子家语·弟子解》作"颜相，字子襄"，孔子弟子，春秋时鲁国（一说宋国）人。

公良
孺

公良孺（生卒年不详），复姓公良，名孺，字子正，孔子弟子，春秋时陈国人。为人长贤，有勇力，曾以私车五乘跟随孔子周游列国，与孔子被围困于蒲地。

公肩定

公肩定（生卒年不详），《史记·仲尼弟子列传》作"公坚定"，姓公，名肩定，（一说姓公肩，名定）字子中。孔子弟子，春秋时鲁国（一说晋国）人。

句井疆

句井疆（生卒年不详），姓句井，名疆，（一说姓句，名井疆）字子界。孔子弟子，春秋时卫国人。

秦祖

　　秦祖（生卒年不详），字子南，孔子弟子，春秋时
秦国人。

◎ 儒家先贤画像集·从享

　　郳单（生卒年不详），字子家，孔子弟子，春秋时
晋国郳（今河北省束鹿）人。

宰父黑

宰父黑（生卒年不详），复姓宰父，名黑，字子索，一说作"子黑"，又作"罕父黑"。孔子弟子，春秋时鲁国人。

县成

　　县成（生卒年不详），字子祺，《孔子家语》作"子横"，孔子弟子，春秋时鲁国人。

荣旂

荣旂（生卒年不详），字子祈，孔子弟子，春秋时
鲁国(一说卫国)人。为学勤奋，讲求学以致用，以身实践。

左人郢

左人郢（生卒年不详），复姓左人，名郢，字子行，
《史记》作"行"。孔子弟子，春秋时鲁国人。

乐欬

乐欬（生卒年不详），《孔子家语》作"乐欣"，字子声，孔子弟子，春秋时鲁国人。

廉絜（生卒年不详），字子庸，孔子弟子，春秋时
卫国（一说鲁国）人。

叔仲会 商瞿

　　叔仲会（前501-？），复姓叔仲，名会，字子期，
孔子弟子，春秋时鲁国（一说晋国）人。

　　商瞿（前522—？），字子木，孔子弟子，春秋时
鲁国人。精通《易》，《易经》经商瞿七传至西汉杨何，
流传后世，成为儒家经典。

公西葳

公西葳（生卒年不详），复姓公西，名葳，字子尚，孔子弟子，春秋时鲁国人。

颜之仆

　　颜之仆（生卒年不详），字子叔，孔子弟子，春秋
时鲁国人。

公西舆如

　　公西舆如（生卒年不详），复姓公西，名舆如，字
子上，孔子弟子，春秋时鲁国人。

郔巽

　　郔巽（生卒年不详），字子敛，孔子弟子，春秋时鲁国人。

施之常　公祖句兹

　　施之常（生卒年不详），字子恒，孔子弟子，春秋时鲁国（一说齐国）人。

　　公祖句兹(生卒年不详)，复姓公祖，名句兹，字子之，孔子弟子，春秋时鲁国人。

◎ 儒家先贤画像集·从享

　　申枨（生卒年不详），《史记》作"申党，字周"，
《孔子家语》作"申绩，字子周"。《论语》中有申枨，
孔子弟子，春秋时鲁国人。

陈亢

陈亢（前511—?），字子禽，一字子元，孔子弟子，春秋时陈国人。《论语》记载他曾经向孔鲤请教孔子是否对儿子有特殊教育。

琴张

　　琴张（生卒年不详），姓琴，名张（一说名牢），字子开（一说字子张），孔子弟子，春秋时卫国人。据《孟子》记载，是行为狂放、不受拘束的人。

步叔乘

　　步叔乘（生卒年不详），复姓步叔，名乘，（一说姓步，名叔乘）字子车，孔子弟子，春秋时齐国人。

秦非

秦非（生卒年不详），字子之，孔子弟子，春秋时
鲁国人。

颜哙

颜哙（生卒年不详），字子声，孔子弟子，春秋时鲁国人。

颜何

　　颜何（生卒年不详），字子冉，孔子弟子，春秋时鲁国人。

县亶

　　县亶（生卒年不详），字子象，孔子弟子，春秋时
鲁国人。《史记》不载此人，《孔子家语·弟子解》中
有其名。

秦冉

　　秦冉（生卒年不详），字子开，孔子弟子，春秋时
鲁国人。

牧皮

牧皮（生卒年不详），孔子的"狂士"弟子，春秋时鲁国人。孟子曾说："如琴张、曾皙、牧皮者，孔子之所谓狂矣。"

左丘明

　　左丘明（生卒年不详），一说姓左丘，名明，（一说姓左，名丘明）曾任鲁国太史。相传作《左传》《国语》。

乐正克

乐正克（生卒年不详），战国时鲁国人，孟子弟子。曾任鲁国大臣。孟子称其"善人也，信人也"，是"美、大、圣、神"四者之下的人物。

万章

万章（生卒年不详），战国时齐国人，孟子弟子。
《史记》中记有孟子"退而与万章之徒序《诗》《书》，
述仲尼之意，作《孟子》七篇"。

公都子

公都子（生卒年不详），战国时人，孟子弟子。曾与孟子讨论"孟子好辩""父子不责善"以及"大人"与"小人"之别等问题。

公孙丑

公孙丑（生卒年不详），战国时齐国人。孟子弟子。
《孟子题辞》中载有《孟子》一书为孟子"论集与高弟
子公孙丑、万章之徒难疑问答"之辞。孟子曾教育他"养
浩然之气"。

公明仪

公明仪（生卒年不详），曾子弟子，一说是颛孙师的弟子，战国时鲁国人。擅长弹琴，梁朝《弘明集》里"对牛弹琴"的典故便出自于他。

周敦颐

周敦颐（1017—1073），字茂叔，世称濂溪先生，今湖南道县人。北宋思想家、哲学家、文学家，理学创始人之一。著《太极图说》及《通书》四种，以太极为理，阴阳五行为气，对宋明理学影响很大。

程颢

　　程颢（1032—1085），字伯淳，世称明道先生，今河南洛阳人。程颐之兄，北宋思想家。曾任扶沟县令、监察御史里行等职，著有《定性书》《识仁篇》等，后编入《二程全书》。主张"天即理"，为学以识仁为主，而仁须以诚敬存之。

张载

　　张载（1020—1077），字子厚，世称横渠先生，今陕西眉县人。北宋思想家、教育家，理学创始人之一。曾任著作佐郎、崇文院校书等职。著有《正蒙》《经学理窟》《易学》等，编入《张子全书》。反对以理为万物的本源，承认物质先于精神的存在。

　　程颐（1033—1107），字正叔，世称伊川先生，今河南洛阳人。北宋思想家。官至崇政殿说书，著有《易传》《春秋传》等，后人将其著作编入《二程全书》。治学以《四书》为标指，而达于"六经"，以穷理为本。

邵雍

　　邵雍（1011—1077），字尧夫，世称百源先生，今
河南辉县人。北宋哲学家。与二程、司马光等人从游甚
密，屡授官不赴。著有《伊川击壤集》《渔樵问答》等。
死后谥"康节"。

从祀

　　从祀是孔子庙奉祀的第五等，配从系列的第四等，从祀者均称"先儒"。

　　从祀始于唐贞观二十一年（647年），太宗钦定左丘明、公羊高、何休等二十二人从祀于孔子庙，后经历代不断增加、改换，到1919年增加到七十七人。

　　唐代从祀二十二人都是传经之儒。宋元丰七年（1084年），增加孟子配享和荀况、扬雄、韩愈从祀，开始增加明道之儒。清康熙五十四年（1715年），以范仲淹从祀，开始增加行道之儒。清雍正二年（1724年），恢复传经之儒郑康成和范宁从祀，增加行道之儒诸葛亮。以后又陆续增加陆贽、文天祥、李纲、韩琦、方孝孺等行道之儒。南宋淳祐元年（1241年）始以理学家朱熹、周敦颐、程颢、程颐、张载从祀，此后理学家成为文庙从祀的主流。

　　历史上从祀的先儒变化比较大，除不断增加外，还有罢祀和复祀。第一次罢祀在南宋淳熙四年（1197年），王雱被赶出文庙；第二次是淳祐四年（1244年），罢去王安石；第三次是明嘉靖九年（1555年），郑玄、郑众、卢植、服虔、范宁以"学未显著"被罢去文庙从祀，改祀本地乡贤祠。荀况以"言性恶"、扬雄以"事王莽"、戴圣以"赃吏"、刘向以"诵神仙方术"、贾逵以"附会图谶"、马融以"党附势家"、何休以"注《风角》等书"、王肃以"为司马师画策篡位"、王弼以"宗旨老庄"、杜预以"建短丧"、吴澄以"忘宋事元"均被罢祀。清代时，恢复了郑玄、范宁、吴澄从祀。

　　唐贞观二十一年（647年），先儒从祀时并没有封号，宋大中祥符二年始加赠伯爵。因王肃、杜预已经封侯，故加赠司空、司徒称号，其后增加从祀的先儒一般也是加赠伯爵，木主书写爵位或官位和姓名。嘉靖九年后一律书写"先儒某子"。先儒也奉祀在两庑内，位于先贤的后面。

东庑奉祀三十九人：东周公羊高（647年从祀）、汉代伏胜（同前）、毛亨（1863年从祀）、孔安国（647年从祀）、毛苌（同前）、杜子春（同前）、郑康成（647年从祀，1530年改祀于乡贤祠，1724年复祀）、蜀汉诸葛亮（1724年从祀）、隋代王通（1530年从祀）、唐代韩愈（1084年从祀）、宋代胡瑗（1530年从祀）、韩琦（1852年从祀）、杨时（1495年从祀）、谢良佐（1849年从祀）、尹焞（1724年从祀）、胡安国（1437年从祀）、李侗（1619年从祀）、吕祖谦（1261年南宋从祀，1313年元朝从祀）、袁燮（1868年从祀）、黄榦（1724年从祀）、辅广（1877年从祀）、何基（1724年从祀）、文天祥（1843年从祀）、王柏（1724年从祀）、元代刘因（1910年从祀）、陈澔（1724年从祀）、明代方孝孺（1863年从祀）、薛瑄（1571年从祀）、胡居仁（1584年从祀）、罗钦顺（1724年从祀）、吕枏（1863年从祀）、刘宗周（1822年从祀）、孙奇逢（1827年从祀）、清代黄宗羲（1908年从祀）、张履祥（1871年从祀）、陆陇其（1724年从祀）、张伯行（1878年从祀）、汤斌（1823年从祀）、颜元（1919年从祀）。

西庑奉祀三十八人：东周谷梁赤（647年从祀）、汉代高堂生（同前）、董仲舒（1330年从祀）、刘德（1877年从祀）、后苍（1530年从祀）、许慎（1875年从祀）、赵歧（1910年从祀）、晋代范宁（647年从祀，1530年改祀乡贤祠，1724年复祀）、唐代陆贽（1826年从祀）、宋代范仲淹（1715年从祀）、欧阳修（1530年从祀）、司马光（1267年南宋从祀，1313年元代从祀）、游酢（1892年从祀）、吕大临（1895年从祀）、罗从彦（1619年从祀）、李纲（1851年从祀）、张栻（1261年南宋从祀，1313年元代从祀）、陆九渊（1530年从祀）、陈淳（1724年从祀）、真德秀（1437年从祀）、蔡沉（同前）、魏了翁（1724年从祀）、陆秀夫（1859年从祀）、元代赵复（同前）、金履祥（同前）、许衡（1313年从祀）、吴澄（1435年从祀，1530年罢祀，1737年复祀）、许谦（1724年从祀）、明代曹端（1860年从祀）、陈献章（1584年从祀）、蔡清（1724年从祀）、王守仁（1584年从祀）、吕坤（1826年从祀）、黄道周（1825年从祀）、清代王夫之（1908年从祀）、陆世仪（1875年从祀）、顾炎武（1908年从祀）、李塨（1919年从祀）。

先儒中大多为清代所增加，是以仅有二十六人有画像，其余皆为牌位，而牌位则不适宜置于正文中，所以，无图像仅有牌位的先儒不列于正文中，改以附录形式著之于文后，既保持全书美观，又保证先儒人物的完整。

公羊高

　　公羊高（生卒年不详），复姓公羊，战国时齐国人，传为卜商的弟子。著有《春秋公羊传》，为儒家经典著作之一。

谷梁赤

　　谷梁赤（生卒年不详），复姓谷梁，字元始，卜商的弟子，战国时鲁国人。著有《春秋谷梁传》，为儒家经典著作之一。

伏胜

　　伏胜（生卒年不详），一名伏生，字子贱，济南人。西汉著名经学家。治今文《尚书》，著有《尚书大观》，一说是由其弟子张生、欧阳生等撰录。

高堂生

　　高堂生（生卒年不详），字伯，鲁人。西汉著名经学家。
治今文《礼》，传《士礼》十七篇，称为"今文仪礼"，
为儒家经典著作之一。

董仲舒

　　董仲舒（约前180—约前114），西汉思想家、哲学家、经学家，今文经学大师，广川郡（今河北景县）人。他所提出的"罢黜百家，独尊儒术"的主张，使儒家学说成为其后两千多年的正统学说。著有《春秋繁露》《春秋决狱》等，其余遗文，后人收录编入《董子文集》。

毛苌

　　毛苌（生卒年不详），世称"小毛公"，赵人。西汉经学家。曾任河间献王博士，治古文《诗》，著有《毛诗》二十九卷、《毛诗故训传》三十卷。

孔安国

　　孔安国（约前156—前74），孔子十一世孙，字子国，今山东曲阜人。西汉著名经学家。武帝时任谏大夫，为博士。曾得孔子住宅壁中所藏古文《尚书》，开创古文尚书学派。

杜子春

　　杜子春（约前30—约58），今河南偃师人。东汉
经学家。师从刘歆，治《周礼》，其学说由弟子郑众、
贾逵传于后世。

后苍

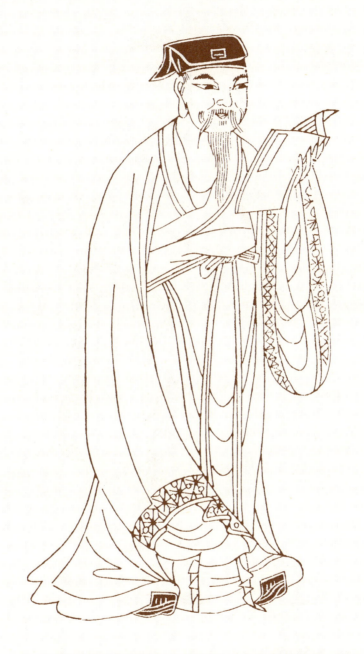

后苍（生卒年不详），字近君，今山东郯城人。西汉经学家。传高堂生《士礼》；有《后氏曲台记》传戴德、戴圣、庆普等；兼通《齐诗》，传翼奉、萧望之、匡衡。

王通

　　王通（584—618），字仲淹，今山西河津人。隋朝哲学家、思想家、教育家。曾上太平策，不见用，退居河、汾之间，授徒自给，弟子千余人，时称"河汾门下"。著作多佚，现存《中说》十卷，死后门人追谥"文中子"。

韩愈

韩愈（768—824），字退之，南阳人，世称"韩昌黎"。唐代著名文学家、思想家。历任监察御史、吏部侍郎等职。"唐宋八大家"之首，著有《原道》《原性》等，编入《昌黎先生集》。

胡瑗

胡瑗（993—1059），字翼之，学者称"安定先生"，海陵（今属江苏）人。北宋教育家。他推崇孔子，但反对将孔子神化；提倡"以仁义礼乐为学"，重视学校教育对人才的培养作用；开宋儒"性命之学"之先河。著作有《春秋要义》等。

杨时

　　杨时（1053—1135），字中立，号龟山，今福建明溪县人。北宋学者。与游酢、吕大临、谢良佐并称"程门四大弟子"。学术上精于易学，为学主张务本，重视道德践履，开创理学的"道南系"。著作有《龟山文集》等。

欧阳修

　　欧阳修（1007—1072），字永叔，号醉翁，晚年号
六一居士，今江西吉安人，北宋文学家、史学家。"唐
宋八大家"之一。他推崇儒学，排斥佛学，对经学颇有
研究，尤精易学。著作有《欧阳文忠集》。

司马光

　　司马光（1019—1086），字君实，今山西夏县人。北宋史学家、哲学家。熙宁时因反对王安石变法而退居洛阳，哲宗即位后任命为相。曾奉诏领衔编撰《资治通鉴》，历时十九年完成。死后被追封为"温国公"，谥"文正"。

胡安国

胡安国（1074—1138），字康侯，福建崇安人。北
宋学者。十七岁入太学，拜程颐的朋友朱长文为师。历
任荆南教授、太常少卿、中书舍人等职。因其"道德博学，
纯行不差"，死后谥"文定"。著有《春秋传》等。

张栻

　　张栻（1133—1180），字敬夫，一字乐斋，号南轩，四川绵竹人。南宋学者。官至右文殿修撰。与朱熹、吕祖谦并称"东南三贤"。他高度重视礼的地位和作用，主张"礼者天之理""明理居敬"等。著作有《张南轩文集》。

蔡沉

　　蔡沉(1167—1230)，字仲默，福建建阳人。师从朱熹，
人称"九峰先生"。为完成父亲蔡元定和老师朱熹之托，
隐居九峰，著成《书经集传》和《洪范皇极》，完成了
先儒未能完成的事业。明代时追谥曰"文正"。

陆九渊

　　陆九渊（1139—1193），字子静，号存斋，江西金溪人，学者称"象山先生"。南宋思想家、理学家、教育家。他以"心即理"为思想核心，提出"宇宙便是吾心，吾心即是宇宙"的命题，在道德修养上主张存心去欲。著作编为《象山先生全集》。

真德秀

真德秀（1178—1235），字景元，福建浦城人。南宋大臣、学者。庆元进士，历知泉州、福州，召为户部尚书，后改翰林学士，官至参政知事。治学强调体用不离，学以致用。著作有《西山真文忠公文集》《读书记》。

许衡

　　许衡（1209—1281），字仲平，号鲁斋，河南沁阳人。元朝理学家。与吴澄并称"南吴北许"。他提倡儒学，对思孟学派心性之说发挥较多。在政治上主张"必行汉法"，实行"王道""仁政"。著作有《鲁斋遗书》。

薛瑄

　　薛瑄（1389—1464），字德温，号敬轩，山西万荣县人。明代理学家。永乐进士，曾任礼部侍郎、翰林院学士等职，晚年辞官居家讲学。他继承程朱理学，主张理在气中，不能离气而独立存在。著作有《薛文清集》。

大段阅读

胡居仁

胡居仁（1434—1484），字叔心，号敬斋，江西余干人。
明代学者。自幼志于经学，专修程颐、程颢及朱子之学，
为当时白鹿洞书院的重要人物之一。平生以"主忠信"
为先，以"求放心"为要。著作有《居业录》等。

王守仁

　　王守仁（1610—1695），字伯安，浙江余姚人。明代
思想家、教育家、哲学家、军事家。因他曾在绍兴城外的
阳明洞读书讲学，故自号阳明子，世称"阳明先生"。他
主张以心为本体，提倡"良知良能""格物致知，自求于心"，
提出"求理于吾心"的知行合一说。著作有《传习录》等。

吕祖谦

　　吕祖谦（1137—1181），字伯恭，世称"东莱先生"，浙江金华人。南宋思想家、理学家。与朱熹、张栻并称"东南三贤"。参与重修《徽宗实录》。治学主张经世致用，创金华学派。宇宙观上偏重于"心学"。著作有《东莱集》。

崇圣祠

圣贤

　　唐开元二十七年（739 年），以孔子弟子配从孔子庙，同为孔子弟子的颜无繇、颜渊父子和曾蒧、曾参父子都被奉祀在孔子庙内。由于颜回位列"圣门四科"之首，是孔子最好的弟子，在孔子庙配从人物中地位最高，位居正殿内配享，曾参也因孝道可崇，奉祀在正殿内，位居"十哲"之后，二人塑像均坐于堂上，而颜无繇和曾蒧因事迹和学问均不突出，只能画像于墙上。子处父上，子先父食，这是有违封建礼教的，从宋代开始就不断受到非议。为解决这个问题，嘉靖九年，张璁建议在学校内另建启圣祠奉祀孔子父亲，而以"四配"等人之父配祀，这个建议被朝廷采纳。于是全国各级学校一律单建启圣祠，清雍正元年（1723 年），追封孔子五代先人为王，将启圣祠改称"崇圣祠"，主祀孔子五代先人，仍以"四配"之父等配享从祀。

启圣王

　　明代初建启圣祠，主祀孔子父亲叔梁纥。清雍正元年追封孔子五代先人为王后，正面改为五代祖肇圣王木金父居中，高祖裕圣王祈父和祖父昌圣王伯夏位于左侧，曾祖诒圣王防叔和父亲启圣王叔梁纥在右侧。

　　崇圣祠没有塑像，五王都是木主，分别题写王号和名讳，如"启圣王叔梁纥公神位"。

　　由于清代加封诸王没有画像，所以只收启圣王画像一帧。

叔梁纥

　　叔梁纥（？—前554），名纥，字叔梁，孔子之父。
曾官至鲁国陬邑大夫，力大善战。

配享

　　明代启圣祠以颜回之父颜无繇、曾参之父曾蒧、子思之父孔鲤和孟子之父孟激配享。清咸丰七年（1857年），增加孔子之兄孟皮为配享，位居"四配"之上，光绪二十三年（1897年），将孟皮之子孔忠由东庑移祀崇圣祠配享，成为"六配"。

　　配享位于崇圣祠内左右两侧，东西面对，大多数文庙因为国家确定孔忠移祀崇圣祠的时间晚，而没有将其从大成殿两庑移入，所以左侧为孟皮、颜无繇和孔鲤，右侧为曾点和孟激。木主题写"先贤"、名讳和"神位"。

　　配享均有画像，唯孔忠画像还在大成殿两庑内。

孟皮

孟皮（生卒年不详），孔子之兄。

颜无繇

颜无繇（前545—？），字路，孔子弟子，颜回之父。

曾 点

　　曾点（生卒年不详），字子皙，又称曾晳、曾葴，
孔子弟子，曾参之父。

孔鲤

　　孔鲤（前532—前483），孔子之子，因出生时鲁
昭公赐予鲤鱼，故取名为鲤，字伯鱼。孔子曾教育他"不
学《诗》，无以言""不学礼，无以立"。

孟激（生卒年不详），孟子之父。

从祀

　　明嘉靖九年（1530年），确定以程颢和程颐之父程珦、朱熹之父朱松、蔡沉之父蔡元定从祀。明万历二十三年（1595年），增加周敦颐之父周辅成从祀，清雍正二年，又增加张载之父张迪从祀。

　　从祀先儒大多也奉祀在崇圣祠内，位于配享之后，个别文庙崇圣祠也有两庑，从祀先儒就奉祀在两庑内。先儒也是木主，左侧为周辅成、程珦和蔡元定，右侧为张迪和朱松，木主题写"先儒"、名讳和"神位"。

　　从祀先儒均有画像。

周辅成

　　周辅成（生卒年不详），周敦颐之父，登进士，曾官贵州桂岭令。

程珦

程珦（1006—1090），字伯温，程颢、程颐之父。
宋庆历中判南安，结识周敦颐，令二子受业。因反对王
安石变法而辞官，后累官至太中大夫。

朱松

　　朱松（1097—1143），字乔年，号韦斋，朱熹之父。宋重和元年进士，历任政和县尉、著作郎、吏部郎，因极力反对秦桧议和，贬饶州知州，未到任即病逝。著有《韦斋集》。

张迪

张迪（生卒年不详），南宋理学家张载之父。

蔡元定

　　蔡元定（1135—1198），字季通，蔡沉之父。师从朱熹，朱熹称之为"老友"。韩侂胄禁止道学，时谪道州，从学者益众，人称"西山先生"。著有《皇极经世》和《洪范解》等书。

陈献章

　　陈献章（1428—1500），字公甫，门人称"白沙先生"，广东新会人。教学以静为主，端坐澄心，静中悟道。著有《白沙集》等。

附录

　　本附录所录之人物，皆为大成殿从祀之先儒中仅列牌位而无画像者，因牌位不宜列入正文，又为保证全书体例统一、人物系统完整，故该部分先儒亦不列入正文，而改以附录形式录之于此。

　　诸葛亮（181—234），字孔明，今山东沂南人，世称卧龙先生。三国著名政治家、军事家、文学家。蜀国丞相，一生以"成霸业，兴汉室"为政治目标，著作多佚，现存《出师表》《隆中对》《便宜十六策》等，编为《诸葛忠武侯文集》。

　　许慎（约58—约147），字叔重，今河南郾城人。东汉经学家、文字学家。官至南阁祭酒，著《说文解字》十四篇，另有《五经异义》（十卷）、《淮南鸿烈间诂》，已佚。精通古文经籍，称"五经无双许叔重"。光绪元年入孔庙从祀贤儒行列。

　　郑玄（127—200），字康成，今山东高密西南人。东汉经学家。其以古文经学为主，兼采今文经学，遍注群经，世称"郑学"，注《毛诗》《三礼》《周易》《论语》《尚书》等。另著有《六艺论》《驳五经异义》，已佚。

　　范宁（339—401），字武子，今河南淅川东一带人。东晋经学家。历任余杭令、临淮太守、中书侍郎、豫章太守等职，著有《春秋谷梁传集解》十二卷。

　　韩琦（1008—1075），字稚圭，自号赣叟，今河南安阳人。北宋政治家、名将。曾任陕西安抚使，与范仲淹共同防御西夏，时人称"韩范"。韩琦"相三朝，立二帝"，当政十年，号称贤相。著作有《安阳集》等。

陆贽（754—805），字敬舆，今浙江嘉兴人。历任翰林学士、中书侍郎、同平章事等职，颇受重用，时称"内相"，死后谥号"宣"。著有《陆宣公翰苑集》。

范仲淹（989—1052），字希文，今江苏吴县人。北宋著名思想家、政治家、军事家、文学家。其"先天下之忧而忧，后天下之乐而乐"与"不以物喜，不以己悲"的名句广为传诵，著有《范文正公集》传世。

尹焞（1071—1142），字彦明，一字德充，今河南洛阳人。北宋哲学家。师从程颐，在南北宋之交道学派中颇具影响。靖康初赐号"和靖处士"。历任秘书少监、太常少卿、权礼部侍郎兼侍讲。著作有《论语解》等。

李侗（1093—1163），字愿中，福建南平人。程颐三传弟子。南宋学者，终生未仕。主张通过静坐功夫来体认精神本体。在认识论上提出了"融释"说。死后谥"文靖"。著作有《萧山读书传》《论语讲说》等。

谢良佐（1050—1103），字显道，今河南上蔡人。北宋哲学家。与游酢、吕大临、杨时并称"程门四大弟子"。他主张的"敬是常惺惺法"，为后世学者所称道。著作有《论语说》《上蔡语录》等。死后谥曰"文肃"。

罗从彦（1072—1135），字仲素，今福建南平人。北宋理学家、教育家。他对儒家思想的继承发展，对道、释及法家批判性的吸收融和，所形成的富有个性的静中观理（主静说）学说，影响深远。著作《豫章文集》。

黄榦（1152—1221），字直卿，号勉斋，福建闽县人。朱熹之婿。为官清廉且才干突出，入朝后，因受诽谤而辞官回乡，聚徒讲学，人称为"勉斋先生"。死后特赠朝奉郎，谥"文肃"。著作有《经解》《勉斋文集》等。

李纲（1083—1140），字伯纪，今福建人。宋朝抗金英雄。徽宗政和二年进士，历任太常少卿、兵部侍郎、尚书右丞等职。多次上疏，陈抗金大计，均未被采纳。后抑郁而死。著有《梁溪先生文集》《靖康传信录》等。

魏了翁（1178—1237），字华父，号鹤山，四川浦江人。南宋学者。庆元进士，他承继濂洛治学，指斥"伪学之禁"，奉孔学为"圣学"。治学上强调"道贵自得"，主张细读经书原著。著作有《鹤山大全文集》。

陈淳（1158—1223），字安卿，福建龙海人。南宋理学家。朱熹晚年的得意门生，理学思想的重要继承者和阐发者。他不把孔子神化，对孔子人格化意义的"天"做了重大修正，认为天是理和气的统一。著作有《北溪全集》。

陆秀夫（1236—1279），字君实，江苏盐城人。南宋末年大臣。宝祐进士。临安陷落后，与陈宜中等在福州拥赵昰为帝，赵昰死后立八岁的赵昺为帝，1279 年抱赵昺跳海而死。著作被后人整理为《陆忠烈集》。

何基（1188—1268），字子恭，号北山，浙江金华人。他主张"为学立志贵坚，规模贵大"，咸淳初年特授官史馆校勘兼崇政殿说书，皆辞。后改任承务郎。死后谥曰"文定"。著作有《大学发挥》《中庸发挥》等。

吴澄（1249—1333），字幼清，江西崇仁人。宋元之际理学家。与许衡并称"南吴北许"。他反对先秦以来的性善性恶论，主张朱熹"性即理"说，强调"持敬""主一"。著作有《五经纂言》《草庐精语》等。

文天祥（1236—1283），字宋瑞，又字履善，号文山，江西吉水人。南宋末年大臣。宝祐进士。中国历史上著名的抗元英雄。"人生自古谁无死，留取丹心照汗青"的千古名句激励了无数仁人志士为了理想而奋斗。著作有《文山集》等。

赵复（生卒年不详），宋末元初理学家，字仁甫，湖北安陆人。1235 年被蒙古俘虏后，在太极书院讲授儒学。程朱之学随之开始在北方广为流传。人称"江汉先生"。著作有《传道图》《伊洛发挥》《希贤录》等。

许谦（1269—1337），字益之，号白云山人，浙江金华人。师从金履祥，贤儒之书，无所不读，举凡天文、地理、刑法、文学、食货、音韵、医经、术数以及释、老，无不通晓。著作有《白云集》《观史治忽几微》等。

曹端（1376—1434），字正夫，号月川，河南渑池人。明代学者。为学讲求亲身实践，以静存为要，推崇儒家学说，主张治世以教化为先。死后私谥"静修"。著作有《四书详说》《存疑录》《儒宗统谱》等。

金履祥（1232—1303），字吉父，号次农，浙江兰溪人。宋元之际学者、经学家。宋末以史馆编校召，入元不仕，以讲学著述终其身。学问渊博，对天文、地形、礼乐、律历等均有研究。著作有《仁山文集》等。

陈澔（1261—1341），字可大，号云庄，又号北山，江西都昌人。宋元之际理学家、教育家。他研究经学，尤擅《礼记》。宋亡后隐居在家，以讲学为业。所著《礼记集说》影响尤为深远，明初被定为"御定"课本。

蔡清（1453—1508），字介夫，号虚斋，福建泉州人。明代理学家。成化进士，官至江西提学副使。自幼好学，尤精《易》学。他一生讲学不辍，开创"清源学派"。著有《四书蒙引》《太极图说》《虚斋集》等。

方孝孺（1357—1402），字希直，一字希古，号逊志，浙江宁海人。明代学者。曾任建文帝翰林院学士，后被明成祖磔死，诛及十族。他称扬孔子礼治德化思想和"一以贯之"的为学之方。著作有《逊志斋集》等。

罗钦顺（1465—1547），字允升，号整庵，江西泰和人。明代思想家。他立足于程朱理学，继承了张载的"气"一元论，是明代持气本论观点的第一位学者，也是明代对"陆王心学"进行批评的第一人。著作有《困知记》等。

吕柟（1479—1542），字仲木，号泾野，陕西高陵人。明代理学家。正德进士，官至南京礼部侍郎。他在朝廷上坚持正义，敢于直言上疏；治学上继承程朱学说，讲学近三十年。著作有《周易说翼》《尚书说要》等。

袁燮（1144—1224），字和叔，浙江鄞县人。南宋学者。淳熙进士，历任江阴尉、太学正、国子祭酒，吏部侍郎兼侍读等职。师从陆九渊，学者称其为"洁斋先生"。死后谥"正献"。著作有《洁斋家塾书钞》《洁斋集》等。

吕坤（1536—1618），字叔简，号新吾，河南宁陵人。明代学者。万历进士。他学术上主张"实学"，倡导气一元论，批评理学家"理在气先"及将"道"与"器"、"理"与"气"割裂的理论。著作有《四礼疑》等。

黄道周（1585—1646），字幼平，号石斋，福建漳浦县人。明末理学家。天启进士。率兵抗清，兵败不屈而死。他学问渊博，精天文历数诸术，尤工书善画，为人严冷方刚，不谐流俗。著作有《易象正》《石斋集》等。

汤斌（1627—1687），字孔伯，号潜庵，河南睢县人。清代学者。顺治进士，历任江宁巡抚、工部尚书。治学上继承孙奇逢的学说，主张以实践为主，讲求学以致用。死后谥"文正"。著作有《洛学编》《睢州志》等。

陆世仪（1611—1672），字道威，号刚斋，江苏太仓人。明清之际学者。他精研程朱理学，学说以"居敬穷理"为本，着重内心修养，主张读书要讲求实用。明亡后隐居"桴亭书院"著述、讲学。著作有《思辨录辑要》。

刘宗周（1578—1645），字起东，号念山，浙江绍兴人。明末学者。万历进士。他为人清廉正直，操守甚严，明亡后在家乡绝食殉节。学术上，"于《五经》、诸子百家无不精究，皆有所论述"，著作有《道统录》。

刘德（生卒年不详），西汉景帝刘启的儿子，被封为河间王。其好儒学，《汉书》记载其"修学好古，实事求是"，得古文先秦旧书《周官》《尚书》《礼》等，并立《毛诗》《左氏春秋》博士，在收藏整理古籍经典方面做出了重要贡献。

孙奇逢（1585—1675），字启泰，河北容城人。明清之际理学家。与黄宗羲、李颙并称"明末清初三大儒"。论学"以体认天理为要，以日用伦常为实际"。初宗陆王，晚慕朱熹理学，立说调和两派观点。著作有《理学宗传》等。

张履祥（1611—1674），字考夫，号念芝，浙江桐乡人。明清之际学者。师从刘宗周。明亡后教授乡里，终身不仕清。初学王阳明，后醉心于程朱。学术上倡导以"治生"为目的的"经济之学"。著作有《愿学记》等。

陆陇其（1630—1692），字稼书，浙江平湖人。清代理学家。康熙进士。清代初期尊崇朱熹理学、力辟王守仁心学的重要思想代表，享有"醇儒第一""传道重镇"的盛誉。著作主要有《问学录》《读朱随笔》等。

王柏（1197—1274），字会之，号鲁斋，浙江金华人。南宋经学家。师从何基，为朱熹的三传弟子。死后谥"文宪"。王柏精于《论语》等书的标注点校，著述颇丰，计四十余种。影响较大的有《书疑》和《诗疑》。

张伯行（1651—1725），字孝先，号敬庵，河南兰考人。清代学者。康熙进士。居官清正廉明，康熙皇帝称赞他为"天下清官第一"。其学说以程朱之学为主。死后谥"清恪"。著作有《道学源流》《道统录》等。